KUKUROTA ·2

LOS ATLETAS

Jaume Sañé y Cristina Broquetas

ediciones
Lectio

LOS ATLETAS

¿Sabes cuáles son los animales más saltimbanquis? ¿Sabes quiénes son los "cracks" de las carreras? ¿Y los más forzudos? Son los animales que baten récords, los que ganan todas las competiciones, son...

...los atletas.

Pero, un momento... ¿Los animales no son un poco holgazanes? ¡Sí! A los animales les encanta dormir, hacer el vago y moverse lo mínimo posible...

Pero, entonces,
¿por qué algunos son atletas?
Pues... por supervivencia.

Hay animales que...

...corren superrápido **para huir** de los depredadores.

...pueden correr mucho tiempo **para cazar** a sus presas.

...saltan superlejos **para escaparse** de los peligros.

...tienen mucha fuerza **para pelearse** entre ellos.

¿Estás preparado par conocer
a los atletas más "cracks" de la naturaleza?
¡Pasa página!

LOS ATLETAS

2 GUEPARDO

1 GACELA

3

ÑU

4 LOBO

5

COLIBRÍ

6 HALCÓN PEREGRINO

7 LIBÉLULA

8 CANGURO

9 PULGA

10 ESCARABAJO ATLAS

GaCeLa

! Las gacelas pueden pasarse **semanas** **sin beber agua**.

Las gacelas corren a todo gas.
¡Y también saltan!

Corriendo, pueden llegar a los
70 kilómetros por hora.
Igual que un coche por la carretera.

Saltando, pueden llegar a los tres metros.
Como si nosotros pudiéramos llegar
al techo de un salto.

Las gacelas son animales herbívoros
que corren y saltan para huir
de sus depredadores

como, por ejemplo, los guepardos.

De modo que, cuanto más rápido vayan
los guepardos, más rápido tendrán
que ir las gacelas para poder escapar.

Gacela saltadora

68-90 centímetros
de altura

20-60 kilos

GUEPARDO

Los guepardos son superrápidos.
¡Pueden llegar a los
100 kilómetros por hora!

Guepardo

🚲 65-90 centímetros de altura

🛋 35-65 kilos

Pero si corren demasiado tiempo
a esta velocidad flaquean.
Los músculos les quedan patitiesos...
y tienen que parar a descansar.

Los guepardos son carnívoros y corren
tanto para cazar a sus presas,
como por ejemplo las gacelas.

De modo que, cuanto más corran
las gacelas, más tendrán
que correr los guepardos...

Y de tanto superarse unos a otros,
estos dos grupos de atletas
se han vuelto superrápidos.

! Los guepardos
nacen **sin
manchas**.

Ñu

Los ñus pesan muchísimo y por eso
no son demasiado rápidos corriendo...

...pero sí pueden aguantar
mucho tiempo sin parar.
Un ñu puede correr
decenas de kilómetros
sin cansarse demasiado.

Los ñus son herbívoros y corren tanto
para huir de sus depredadores...

Sí, sí, aunque sean
enormes, hay animales que
se atreven a cazar ñus...
¡Como, por ejemplo, los leones!

Los ñus viven siempre **en grupo** para **defenderse** mejor de sus enemigos.

Ñu

115-145 centímetros de altura

150-290 kilos

LOBO

Los lobos son de la familia de los cánidos,
como los perros o los licaones...

...y este tipo de animales
no se cansan nunca.
O casi nunca.
Tienen mucha resistencia.

Puesto que son depredadores,
eso les va genial
para cazar a sus presas.

! Los lobos se **comunican aullando**, pero sobre todo con la **posición** de las **orejas**, los **labios** y la **cola**.

Ni que sea por agotamiento,
casi siempre acaban
atrapándolas.

Encima les gusta cazar
en grupo, y eso hace
la tarea aún más fácil.

Lobo

🚲 60-70 centímetros
de altura

🛋 30-50 kilos

5

COLIBRÍ

Los colibrís utilizan las **telarañas** de las arañas para construir **sus nidos**.

Los colibrís son unos atletas del vuelo. Pueden batir las alas 60 veces por segundo, o sea 3.600 veces por minuto. ¡Eso es muchísimo para un ave!

Además son superrápidos volando:
pueden llegar a los 100 kilómetros por hora.

Aunque son mucho más pequeños,
en una carrera, un colibrí y un
guepardo llegarían al mismo tiempo. ¡Bravo!

Los colibrís vuelan tan rápido
para huir de sus depredadores.

**Colibrí
de Arica**

**9 centímetros
de longitud**

3 gramos

15

6

HALCÓN PEREGRINO

El halcón peregrino es el animal más rápido... de todo el mundo.

Puede llegar a volar a 300 kilómetros por hora. ¡O sea que es tan rápido como un tren de alta velocidad!

Localiza a su presa,
dobla las alas... y se lanza
en picado contra ella a tope.

Pero no siempre vuela así...
Si no se cansaría mucho.
El halcón peregrino llega a su récord
de velocidad cuando caza.

Halcón peregrino

38-48 centímetros de longitud

0,6-1,5 kilos

Muchos halcones peregrinos se han acostumbrado a **criar** en los **rascacielos** de las **ciudades**.

17

LIBÉLULA

Las libélulas son los invertebrados más rápidos del mundo.

Y también se mueven como unas auténticas atletas: pueden hacer piruetas, volar hacia atrás, dar vueltas de repente y quedarse suspendidas en el aire.

Libélula

- 8 centímetros de longitud
- 400 miligramos

Incluso cazan a sus
presas en pleno vuelo.

Y todo eso lo pueden hacer
gracias a sus cuatro alas
superespecializadas.

Però solo son atletas
volando… ¡Caminando por tierra
son más bien patosas!

Las libélulas **ya vivían** en la
Tierra hace **300 millones de años**.
Incluso antes de que
existieran las aves.

CANGURO

Los canguros son unos atletas del salto. Pueden llegar a saltar 2 metros de altura y 8 metros de longitud.

Canguro rojo

130-160 centímetros de altura

18-90 kilos

Como todos los animales saltimbanquis,
tienen las patas traseras grandes
y fuertes para hacer de fuelle...

...mientras que las patas de delante
son más bien pequeñas.

¿Y sabes cómo andan? Con las cuatro
patas y ayudándose de la cola.
La utilizan como si se tratase de un bastón.

! Las **crías** de los canguros **viajan**
en la **bolsa** marsupial de
la madre durante los primeros
8 meses de su vida.

PULGA

A pesar de ser superpequeña, la pulga es el animal que puede saltar más alto del mundo, en relación a su tamaño.

Pueden llegar a saltar 100 veces la altura de su cuerpo. Es como si nosotros hiciésemos un salto tan alto como un rascacielos.

Pulga

1,5-3 milímetros de longitud
Este dibujo es el tamaño real de una pulga

0,3-0,4 miligramos

Las pulgas saltan para escaparse cuando están a punto de ser cazadas...

...y dado que viven sobre la piel de los animales, también saltan para cambiar de animal.

Las pulgas **se alimentan** de la **sangre** de los animales encima de los cuales viven. ¡Eso es como vivir encima de la comida!

23

10 ESCARABAJO ATLAS

Los escarabajos atlas son pequeños, pero superforzudos.

Los escarabajos atlas **se alimentan** sorbiendo **zumos vegetales**.

Pueden levantar 800 veces el peso de su cuerpo...
Eso es como si nosotros pudiéramos levantar
un autobús lleno de gente con nuestras manos.

Ser tan fuertes les va bien para
pelearse entre ellos en época
de apareamiento y ver quién es más fuerte.

Estos escarabajos son
unos "cachas", pero en
cambio son muy lentos...

Por eso llevan el cuerpo cubierto
con esta especie de armadura.
Para protegerse de los posibles depredadores.

Escarabajo atlas

2,5-13 centímetros
de longitud

20-35 gramos

ANIMAL DESAPARECIDO

Dicen que se extinguió hace millones de años...
...pero en el Kukurota no hay
ningún animal que se nos resista.

Triceratops, en griego, significa
'tres cuernos en la cabeza'.
Está claro por qué
este dinosaurio se llama así, ¿no?

Porque tenía tres cuernos enormes ideales
para defenderse de sus depredadores.

Triceratops

8-9 metros
de longitud

10.000 kilos

26

¿A qué animal crees
que se parece?
¡Exacto!
¡A los **rinocerontes** actuales!

Sus patas eran cortas para
poder comer hojas y hierbas
del suelo sin agacharse demasiado.

Y los ojos los tenía muy separados
para ver bien los peligros
que se acercaban...

El triceratops era un dinosaurio pacífico,
pero con esos supercuernos...
mejor no acercarse a él.

1 Rodea el animal que corre más rápido del mundo y el que vuela más rápido del mundo:

2. Rodea los animales saltimbanquis, o sea, los que se desplazan saltando:

3 Une los puntos y descubrirás un animal que vivió hace millones de años en la Tierra,

4 3
5 2
1 70 69
10 8 71 68
7 6 72
11 9
12 67 66 65
13
15 74 73 63 64
16 14
17 75 50 51 52 62
20 21 77 76 30 39 49 53 61
18 22 29 38 40 54 60
19 27 28 31 48 55 59
23 32 37 41 47 56 57 58
24 26 33 36 46
25 34 35 42 45
43 44

4 Escoge la respuesta correcta y averigua qué nivel de experto has alcanzado.

1 ¿Por qué corren tan rápido las gacelas?
a) Para cazar a sus presas.
b) Para huir de sus depredadores.
c) Porque van atolondradas y siempre tienen prisa.

2 ¿Cuál de estas frases es cierta?
a) El halcón peregrino puede volar tan rápido como un avión.
b) Una gacela puede correr tan rápido como un coche por la carretera.
c) Un escarabajo atlas puede aguantar el peso de un autobús cargado de gente.

3 ¿Cuál de estos tres animales salta más alto en relación a la medida de su cuerpo?
a) Un canguro.
b) Una pulga.
c) Un gusano.

RESULTADOS

Si has acertado **3**... tienes un
NIVEL "CRACK DEL KUKUROTA"

¡Enhorabuena! Se nota que te encantan los animales y que eres un fan de los libros del Kukurota. Solo te falta saber comunicarte con los animales para convertirte en uno de verdad.

Si has acertado **2**... tienes un
NIVEL "BESTIA SALVAJE"

¡Muy bien! Te gusta el mundo salvaje y cada día sabes un poco más. Sigue los libros del Kukurota y cada día aprenderás un poco más a hacer el animal.

Si has acertado **1**... tienes un
NIVEL "ANIMAL DE COMPAÑÍA"

Te interesan los animales, pero todavía no los conoces lo suficiente. ¡Ánimo! ¡Estate atento a los libros del Kukurota y muy pronto te podrías convertir en un "crack" muy animal!

SOLUCIONES

1

2

3

triceratops

4

3 a
2 b
1 b

34

Si te lo has pasado bien
con estas fieras,
no te pierdas el próximo libro...
...será todavía **MÁS ANIMAL**.

Libro realizado con licencia de la Corporació Catalana de Mitjans Audiovisuals, SA (CCMA, SA)
Basado en el programa *Kukurota*, producido por la CCMA, SA
Dirección: Sònia Sánchez, Jaume Sañé y Xavi Garcia

© Corporació Catalana de Mitjans Audiovisuals, SA
Coordinación TV3: Elena Goixens
Textos: Jaume Sañé y Cristina Broquetas

© dibujo triceratops: Max Vento

© de esta edición, 9 Grup Editorial / Lectio Ediciones
C/ Muntaner, 200, ático 8ª – 08036 Barcelona
Tel.: 977 60 25 91 – 93 363 08 23
lectio@lectio.com
www.lectio.es

Primera edición: noviembre de 2016
Diseño y realización editorial: Carla Rossignoli

ISBN: 978-84-16012-87-9
DL T 1385-2016
Impresión: Anman Gràfiques del Vallès, SL